화엄경 제60권 (입법계품 39-1) 해설

여기서부터 제80권까지는 입법계품으로 선재동자가 53선지식을 찾아 뵙고 일생에 성불하는 과정이므로 〈돈오성불론(頓悟成佛論)〉 또는 〈중생성불론(衆生成佛論)〉이라고도 부른다.

그때 세존께서 기수급고독원에 보현·문수의 행을 성취한 500명의 보살들과 진제(眞諦)를 깨달으신 500성문과 함께 계셨다. (1-18p) 이들이 모두 여러 선지식들의 섭수(攝受)를 받고 원을 발하니 그때 세존께서 사자빈신삼매에 들어 이 세계를 장엄하게 꾸몄다. (19-27p)

그때 서다림의 허공 가운데 불가사의한 천궁이 장엄되고 시방세계의 보살들이 모여와 각기 자기 방향을 따라 가부좌하고 앉았다. 이렇게 많은 보살들이 모여 있었으나 성문·연각은 마치 장님이 세상을 보듯 어떤 사람이 꿈꾸는 것을 알지 못한 것을 여러 가지 비유를 들어 설명하였다. (35-101p)

그리고 여러 보살들의 게송이 나온다.
비로자나광명보살 (101-105p)
불가리정진왕보살 (105-108p)
보승무상위덕왕보살 (108-111p)
무애승왕보살 (111-114p)
화현법계원월왕보살 (114-118p)
법혜광염왕보살 (118-121p)
파일체마군지당왕보살 (121-124p)
원지광명당왕보살 (124-127p)
파일체장용맹지왕보살 (127-131p)
법계차별원지신통왕보살 (131-134p)

入法界品 第三十九之一
입법계품 제삼십구지일

爾時世尊 在室羅筏國逝
이시세존 재실라벌국서

多林給孤獨園大莊嚴重閣
다림급고독원대장엄중각

與菩薩摩訶薩五百人俱普
여보살마하살오백인구보

賢菩薩文殊師利菩薩而爲
현보살문수사리보살이위

上首其名曰光焰幢菩薩須
상수기명왈광염당보살수

彌幢菩薩寶幢菩薩無礙幢
미당보살보당보살무애당

菩薩華幢菩薩離垢幢菩薩 (보살화당보살이구당보살)
日幢菩薩妙幢菩薩離塵幢 (일당보살묘당보살이진당)
菩薩普光幢菩薩地威力菩 (보살보광당보살지위력보)
薩寶威力菩薩大威力菩薩 (살보위력보살대위력보살)
金剛智威力菩薩離塵垢威 (금강지위력보살이진구위)
力菩薩正法日威力菩薩功 (력보살정법일위력보살공)
德山威力菩薩智光影威力 (덕산위력보살지광영위력)

眼 안	薩 살	菩 보	藏 장	薩 살	菩 보	菩 보
菩 보	善 선	薩 살	菩 보	寶 보	薩 살	薩 살
薩 살	眼 안	臍 제	薩 살	藏 장	虛 허	普 보
無 무	菩 보	藏 장	法 법	菩 보	空 공	吉 길
礙 애	薩 살	菩 보	印 인	薩 살	藏 장	祥 상
眼 안	淨 정	薩 살	藏 장	日 일	菩 보	威 위
菩 보	眼 안	蓮 연	菩 보	藏 장	薩 살	力 력
薩 살	菩 보	華 화	薩 살	菩 보	蓮 연	菩 보
普 보	薩 살	德 덕	光 광	薩 살	華 화	薩 살
見 견	離 이	藏 장	明 명	淨 정	藏 장	地 지
眼 안	垢 구	菩 보	藏 장	德 덕	菩 보	藏 장

사경의 공덕은 십만억 부처님께 공양한 것과 같은 공덕이 있습니다.

菩薩善觀眼菩薩靑蓮華眼
보살선관안보살청연화안

菩薩金剛眼菩薩寶眼菩薩
보살금강안보살보안보살

虛空眼菩薩喜眼菩薩普眼
허공안보살희안보살보안

菩薩天冠菩薩普照法界智
보살천관보살보조법계지

慧冠菩薩道場冠菩薩普照
혜관보살도량관보살보조

十方冠菩薩一切佛藏冠菩
시방관보살일체불장관보

薩超出一切世間冠菩薩普
살초출일체세간관보살보

佛 불	切 체	光 광	菩 보	照 조	一 일	照 조
光 광	願 원	明 명	薩 살	法 법	切 체	冠 관
明 명	海 해	髻 계	龍 용	界 계	如 여	菩 보
摩 마	音 음	菩 보	王 왕	虛 허	來 래	薩 살
尼 니	寶 보	薩 살	髻 계	空 공	師 사	不 불
髻 계	王 왕	道 도	菩 보	冠 관	子 자	可 가
菩 보	髻 계	場 량	薩 살	菩 보	座 좌	壞 괴
薩 살	菩 보	髻 계	一 일	薩 살	冠 관	冠 관
示 시	薩 살	菩 보	切 체	梵 범	菩 보	菩 보
現 현	一 일	薩 살	化 화	王 왕	薩 살	薩 살
一 일	切 체	一 일	佛 불	髻 계	普 보	持 지

薩 살	光 광	三 삼	一 일	摩 마	髻 계	切 체
離 이	菩 보	世 세	切 체	尼 니	菩 보	虛 허
塵 진	薩 살	一 일	佛 불	王 왕	薩 살	空 공
光 광	離 이	切 체	轉 전	幢 당	示 시	平 평
菩 보	垢 구	名 명	法 법	網 망	現 현	等 등
薩 살	光 광	字 자	輪 륜	垂 수	一 일	相 상
焰 염	菩 보	音 음	音 음	覆 부	切 체	摩 마
光 광	薩 살	髻 계	髻 계	髻 계	如 여	尼 니
菩 보	寶 보	菩 보	菩 보	菩 보	來 래	王 왕
薩 살	光 광	薩 살	薩 살	薩 살	神 신	莊 장
法 법	菩 보	大 대	說 설	出 출	變 변	嚴 엄

光(광)菩(보)薩(살)寂(적)靜(정)光(광)菩(보)薩(살)日(일)光(광)菩(보)
薩(살)自(자)在(재)光(광)菩(보)薩(살)天(천)光(광)菩(보)薩(살)福(복)
德(덕)幢(당)菩(보)薩(살)智(지)慧(혜)幢(당)菩(보)薩(살)法(법)幢(당)
菩(보)薩(살)神(신)通(통)幢(당)菩(보)薩(살)光(광)幢(당)菩(보)薩(살)
華(화)幢(당)菩(보)薩(살)摩(마)尼(니)幢(당)菩(보)薩(살)菩(보)提(리)
幢(당)菩(보)薩(살)梵(범)幢(당)菩(보)薩(살)普(보)光(광)幢(당)菩(보)
薩(살)梵(범)音(음)菩(보)薩(살)海(해)音(음)菩(보)薩(살)大(대)地(지)

音菩薩世主音菩薩山相擊
음보살세주음보살산상격

音菩薩徧一切法界音菩薩
음보살변일체법계음보살

震一切法海雷音菩薩降魔
진일체법해뇌음보살항마

音菩薩大悲方便雲雷音菩
음보살대비방편운뇌음보

薩息一切世間苦安慰音菩
살식일체세간고안위음보

薩法上菩薩勝上菩薩智上
살법상보살승상보살지상

菩薩福德須彌上菩薩功德
보살복덕수미상보살공덕

사경의 공덕은 십만억 부처님께 공양한 것과 같은 공덕이 있습니다.

菩 보	虛 허	勝 승	薩 살	上 상	光 광	珊 산
薩 살	空 공	菩 보	德 덕	菩 보	上 상	瑚 호
智 지	勝 승	薩 살	勝 승	薩 살	菩 보	上 상
勝 승	菩 보	法 법	菩 보	佛 불	薩 살	菩 보
菩 보	薩 살	勝 승	薩 살	種 종	大 대	薩 살
薩 살	寶 보	菩 보	上 상	上 상	慈 자	名 명
娑 사	勝 승	薩 살	勝 승	菩 보	上 상	稱 칭
羅 라	菩 보	月 월	菩 보	薩 살	菩 보	上 상
自 자	薩 살	勝 승	薩 살	光 광	薩 살	菩 보
在 재	幢 당	菩 보	普 보	勝 승	智 지	薩 살
王 왕	勝 승	薩 살	明 명	菩 보	海 해	普 보

사경의 공덕은 십만억 부처님께 공양한 것과 같은 공덕이 있습니다.

菩薩法自在王菩薩象自在
보살법자재왕보살상자재

王菩薩梵自在王菩薩山自
왕보살범자재왕보살산자

在王菩薩衆自在王菩薩速
재왕보살중자재왕보살속

疾自在王菩薩寂靜自在王
질자재왕보살적정자재왕

菩薩不動自在王菩薩勢力
보살부동자재왕보살세력

自在王菩薩最勝自在王菩
자재왕보살최승자재왕보

薩寂靜音菩薩無礙音菩薩
살적정음보살무애음보살

地(지) 震(진) 音(음) 菩(보) 薩(살) 海(해) 震(진) 音(음) 菩(보) 薩(살) 雲(운)

音(음) 菩(보) 薩(살) 法(법) 光(광) 音(음) 菩(보) 薩(살) 虛(허) 空(공) 音(음)

菩(보) 薩(살) 說(설) 一(일) 切(체) 衆(중) 生(생) 善(선) 根(근) 音(음) 菩(보)

薩(살) 示(시) 一(일) 切(체) 大(대) 願(원) 音(음) 菩(보) 薩(살) 道(도) 場(량)

音(음) 菩(보) 薩(살) 須(수) 彌(미) 光(광) 覺(각) 菩(보) 薩(살) 虛(허) 空(공)

覺(각) 菩(보) 薩(살) 離(이) 染(염) 覺(각) 菩(보) 薩(살) 無(무) 礙(애) 覺(각)

菩(보) 薩(살) 善(선) 覺(각) 菩(보) 薩(살) 普(보) 照(조) 三(삼) 世(세) 覺(각)

사경의 공덕은 십만억 부처님께 공양한 것과 같은 공덕이 있습니다.

菩薩廣大覺菩薩普明覺菩
보살광대각보살보명각보

薩法界光明覺菩薩如是等
살법계광명각보살여시등

菩薩摩訶薩五百人俱
보살마하살오백인구

此諸菩薩皆悉成就普賢
차제보살개실성취보현

行願境界無礙普徧一切諸
행원경계무애보변일체제

佛刹故現身無量親近一切
불찰고현신무량친근일체

諸如來故淨眼無障見一切
제여래고정안무장견일체

佛神變事故至處無限一切
불신변사고지처무한일체

如來成正覺所恒普詣故光
여래성정각소항보예고광

明無際以智慧光普照一切
명무제이지혜광보조일체

實法海故說法無盡清淨辯
실법해고설법무진청정변

才無邊際劫無窮盡故等虛
재무변제겁무궁진고등허

空界智慧所行悉清淨故無
공계지혜소행실청정고무

所依止隨衆生心現色身故
소의지수중생심현색신고

사경의 공덕은 십만억 부처님께 공양한 것과 같은 공덕이 있습니다.

除滅癡翳了衆生界無衆生
제멸치예요중생계무중생

故等虛空智以大光網照法
고등허공지이대광망조법

界故
계고

及與五百聲聞衆俱悉覺
급여오백성문중구실각

眞諦皆證實際深入法性永
진제개증실제심입법성영

出有海依佛功德離結使縛
출유해의불공덕이결사박

住無礙處其心寂靜猶如虛
주무애처기심적정유여허

空공 於어 諸제 佛불 所소 永영 斷단 疑의 惑혹 於어 佛불
智지 海해 深심 信신 趣취 入입 及급 與여 無무 量량 諸제
世세 主주 俱구 悉실 曾증 供공 養양 無무 量량 諸제 佛불
常상 能능 利이 益익 一일 切체 衆중 生생 爲위 不불 請청
友우 恒항 勤근 守수 護호 誓서 願원 不불 捨사 入입 於어
世세 間간 殊수 勝승 智지 門문 從종 佛불 教교 生생 護호
佛불 正정 法법 起기 於어 大대 願원 不부 斷단 佛불 種종

사경의 공덕은 십만억 부처님께 공양한 것과 같은 공덕이 있습니다.

生如來家求一切智
생여래가구일체지

時諸菩薩大德聲聞世間
시제보살대덕성문세간

諸王幷其眷屬咸作是念如
제왕병기권속함작시념여

來境界如來智行如來加持
래경계여래지행여래가지

如來力如來無畏如來三昧
여래력여래무외여래삼매

如來所住如來自在如來身
여래소주여래자재여래신

如來智一切世間諸天及人
여래지일체세간제천급인

사경의 공덕은 십만억 부처님께 공양한 것과 같은 공덕이 있습니다.

無能通達無能趣入無能信
무능통달무능취입무능신

解無能了知無能忍受無能
해무능요지무능인수무능

觀察無能揀擇無能開示無
관찰무능간택무능개시무

能宣明無有能令衆生解了
능선명무유능령중생해료

唯除諸佛加被之力佛神通
유제제불가피지력불신통

力佛威德力佛本願力及其
력불위덕력불본원력급기

宿世善根之力諸善知識攝
숙세선근지력제선지식섭

受之力深淨信力大明解力
수지력심정신력대명해력

趣向菩提清淨心力求一切
취향리청정심력구일체

智廣大願力
지광대원력

唯願世尊隨順我等及諸
유원세존수순아등급제

衆生種種欲種種解種種智
중생종종욕종종해종종지

種種語種種自在住地
종종어종종자재주지

種種根清淨意方便種
종종근청정의방편종

種心境界種種依止如來功
종심경계종종의지여래공

德種種聽受諸所說法顯示
덕종종청수제소설법현시

如來往昔趣求一切智心往
여래왕석취구일체지심왕

昔所起菩薩大願往昔所淨
석소기보살대원왕석소정

諸波羅蜜往昔所入菩薩諸
제바라밀왕석소입보살제

地往昔圓滿諸菩薩行往昔
지왕석원만제보살행왕석

成就方便往昔修行諸道往
성취방편왕석수행제도왕

昔所得出離法往昔所作神
석소득출리법왕석소작신

通事往昔所有本事因緣及
통사왕석소유본사인연급

成等正覺轉妙法輪淨佛國
성등정각전묘법륜정불국

土調伏衆生開一切智法城
토조복중생개일체지법성

示一切衆生道入一切衆生
시일체중생도입일체중생

所住受一切衆生所施爲一
소주수일체중생소시위일

切衆生說布施功德爲一切
체중생설보시공덕위일체

衆生現諸佛影像如是等法
願皆爲說
爾時世尊知諸菩薩心之
所念大悲爲身大悲爲門大
悲爲首以大悲法而爲方便
充徧虛空入師子頻申三昧
入此三昧已一切世間普皆

중생현제불영상여시등법
원개위설
이시세존지제보살심지
소념대비위신대비위문대
비위수이대비법이위방편
충변허공입사자빈신삼매
입차삼매이일체세간보개

사경의 공덕은 십만억 부처님께 공양한 것과 같은 공덕이 있습니다.

嚴(엄) 淨(정) 于(우) 時(시) 此(차) 大(대) 莊(장) 嚴(엄) 樓(누) 閣(각) 忽(홀)
然(연) 廣(광) 博(박) 無(무) 有(유) 邊(변) 際(제) 金(금) 剛(강) 爲(위) 地(지)
寶(보) 王(왕) 覆(부) 上(상) 無(무) 量(량) 寶(보) 華(화) 及(급) 諸(제) 摩(마)
尼(니) 普(보) 散(산) 其(기) 中(중) 處(처) 處(처) 盈(영) 滿(만) 瑠(유) 璃(리)
爲(위) 柱(주) 衆(중) 寶(보) 合(합) 成(성) 大(대) 光(광) 摩(마) 尼(니) 之(지)
所(소) 莊(장) 嚴(엄) 閻(염) 浮(부) 檀(단) 金(금) 如(여) 意(의) 寶(보) 王(왕)
周(주) 置(치) 其(기) 上(상) 以(이) 爲(위) 嚴(엄) 飾(식) 危(위) 樓(루) 逈(형)

사경의 공덕은 십만억 부처님께 공양한 것과 같은 공덕이 있습니다.

帶대 閣각 道도 傍방 出출 棟동 宇우 相상 承승 牕창 闥달

交교 暎영 階계 墀지 軒헌 檻함 種종 種종 備비 足족 一일

切체 皆개 以이 妙묘 寶보 莊장 嚴엄 其기 寶보 悉실 作작

人인 天천 形형 象상 堅견 固고 妙묘 好호 世세 中중 第제

一일 摩마 尼니 寶보 網망 彌미 覆부 其기 上상 於어 諸제

門문 側측 悉실 建건 幢당 幡번 咸함 放방 光광 明명 普보

周주 法법 界계 道도 場량 之지 外외 階계 鄧등 欄난 楯순

사경의 공덕은 십만억 부처님께 공양한 것과 같은 공덕이 있습니다.

其數無量不可稱說靡不咸 (기수무량불가칭설미불함)

以摩尼所成 (이마니소성)

爾時復以佛神力故其逝 (이시부이불신력고기서)

多林忽然廣博與不可說佛 (다림홀연광박여불가설불)

剎微塵數諸佛國土其量正 (찰미진수제불국토기량정)

等一切妙寶間錯莊嚴不可 (등일체묘보간착장엄불가)

說寶徧布其地阿僧祇寶以 (설보변포기지아승기보이)

爲(위)垣(원)墻(장)寶(보)多(다)羅(라)樹(수)莊(장)嚴(엄)道(도)側(측)

其(기)間(간)復(부)有(유)無(무)量(량)香(향)河(하)香(향)水(수)盈(영)

滿(만)湍(단)激(격)洄(회)澓(복)一(일)切(체)寶(보)華(화)隨(수)流(류)

右(우)轉(전)自(자)然(연)演(연)出(출)佛(불)法(법)音(음)聲(성)不(부)

思(사)議(의)寶(보)芬(분)陀(타)利(리)華(화)菡(함)萏(담)芬(분)敷(부)

彌(미)布(포)水(수)上(상)衆(중)寶(보)華(화)樹(수)列(열)植(식)其(기)

岸(안)種(종)種(종)臺(대)樹(수)不(불)可(가)思(사)議(의)皆(개)於(어)

岸(안)上(상)次(차)第(제)行(항)列(렬)摩(마)尼(니)寶(보)網(망)之(지)

所(소)彌(미)覆(부)阿(아)僧(승)祇(기)寶(보)放(방)大(대)光(광)明(명)

阿(아)僧(승)祇(기)寶(보)莊(장)嚴(엄)其(기)地(지)燒(소)衆(중)妙(묘)

香(향)香(향)氣(기)氛(분)氳(온)復(부)健(건)無(무)量(량)種(종)種(종)

寶(보)幢(당)所(소)謂(위)寶(보)香(향)幢(당)寶(보)衣(의)幢(당)寶(보)

幡(번)幢(당)寶(보)繒(증)幢(당)寶(보)華(화)幢(당)寶(보)瓔(영)珞(락)

幢(당)寶(보)鬘(만)幢(당)寶(보)鈴(령)幢(당)摩(마)尼(니)寶(보)蓋(개)

幢大摩尼寶幢光明徧照摩
尼寶幢出一切如來名號音
聲摩尼王幢師子摩尼王幢
說一切如來本事海摩尼王
幢現一切法界影像摩尼王
幢周徧十方行列莊嚴
時逝多林上虛空之中有

不思議天宮殿雲無數香樹
부사의천궁전운무수향수

雲不可說須彌山雲不可說
운불가설수미산운불가설

技樂雲出美妙音歌讚如來
기악운출미묘음가찬여래

不可說寶蓮華雲不可說寶
불가설보연화운불가설보

座雲敷以天衣菩薩坐上歎
좌운부이천의보살좌상탄

佛功德不可說諸天王形像
불공덕불가설제천왕형상

摩尼寶雲不可說白眞珠雲
마니보운불가설백진주운

사경의 공덕은 십만억 부처님께 공양한 것과 같은 공덕이 있습니다.

不可說赤珠樓閣莊嚴具雲
불가설적주누각장엄구운

不可說雨金剛堅固珠雲皆
불가설우금강견고주운개

住虛空周帀徧滿以爲嚴飾
주허공주잡변만이위엄식

何以故如來善根不思議
하이고여래선근부사의

故如來白法不思議故如來
고여래백법부사의고여래

威力不思議故如來能以一
위력부사의고여래능이일

身自在變化徧一切世界不
신자재변화변일체세계부

思議故如來能以神力令一
사의고여래능이신력령일

切佛及佛國莊嚴皆入其身
체불급불국장엄개입기신

不思議故如來能於一微塵
부사의고여래능어일미진

內普現一切法界影像不思
내보현일체법계영상부사

議故如來能於一毛孔中示
의고여래능어일모공중시

現過去一切諸佛不思議故
현과거일체제불부사의고

如來隨放一一光明悉能偏
여래수방일일광명실능변

사경의 공덕은 십만억 부처님께 공양한 것과 같은 공덕이 있습니다.

照一切世界不思議故如來
조일체세계부사의고여래

能於一毛孔中出一切佛刹
능어일모공중출일체불찰

微塵數變化雲充滿一切佛
미진수변화운충만일체불

國土不思議故如來能於一
국토부사의고여래능어일

毛孔中普現一切十方世界
모공중보현일체시방세계

成住壞劫不思議故如於此
성주괴겁부사의고여어차

逝多林給孤獨園見佛國土
서다림급고독원견불국토

清淨莊嚴十方一切盡法界
청정장엄시방일체진법계

虛空界一切世界亦如是見
허공계일체세계역여시견

所謂見如來身住逝多林菩
소위견여래신주서다림보

薩衆會皆悉徧滿
살중회개실변만

見普雨一切莊嚴雲見普
견보우일체장엄운견보

雨一切寶光明照耀雲見普
우일체보광명조요운견보

雨一切摩尼寶雲見普雨一
우일체마니보운견보우일

切 체	雨 우	不 부	見 견	華 화	雨 우	切 체
如 여	一 일	絶 절	普 보	樹 수	一 일	莊 장
衆 중	切 체	周 주	雨 우	雲 운	切 체	嚴 엄
生 생	莊 장	徧 변	一 일	見 견	天 천	蓋 개
形 형	嚴 엄	一 일	切 체	普 보	身 신	彌 미
種 종	具 구	切 체	寶 보	雨 우	雲 운	覆 부
種 종	雲 운	大 대	鬘 만	一 일	見 견	佛 불
香 향	見 견	地 지	瓔 영	切 체	普 보	刹 찰
雲 운	普 보	雲 운	珞 락	衣 의	雨 우	雲 운
見 견	雨 우	見 견	相 상	樹 수	一 일	見 견
普 보	一 일	普 보	續 속	雲 운	切 체	普 보

사경의 공덕은 십만억 부처님께 공양한 것과 같은 공덕이 있습니다.

雨一切微妙寶華網相續不
우일체미묘보화망상속부

斷雲見普雨一切諸天女持
단운견보우일체제천녀지

寶幢幡於虛空中周旋來去
보당번어허공중주선래거

雲見普雨一切衆寶蓮華於
운견보우일체중보연화어

華葉間自然而出種種樂音
화엽간자연이출종종락음

雲見普雨一切師子座寶網
운견보우일체사자좌보망

瓔珞而爲莊嚴雲
영락이위장엄운

사경의 공덕은 십만억 부처님께 공양한 것과 같은 공덕이 있습니다.

爾時東方過不可說佛刹微塵數世界海外有世界名金燈雲幢佛號毘盧遮那勝德王彼佛衆中有菩薩名毘盧遮那願光明與不可說佛刹微塵數菩薩俱來向佛所悉以神力興種種雲所謂天

이시동방과불가설불찰미진수세계해외유세계명금등운당불호비로자나승덕왕피불중중유보살명비로자나원광명여불가설불찰미진수보살구래향불소실이신력흥종종운소위천

華雲天香雲天末香雲天鬘
화운천향운천말향운천만

雲天寶雲天莊嚴具雲天寶
운천보운천장엄구운천보

蓋雲天微妙衣雲天寶幢幡
개운천미묘의운천보당번

雲天一切妙寶諸莊嚴雲充
운천일체묘보제장엄운충

滿虛空至佛所已頂禮佛足
만허공지불소이정례불족

卽於東方化作寶莊嚴樓閣
즉어동방화작보장엄누각

及普照十方寶蓮華藏師子
급보조십방보연화장사자

사경의 공덕은 십만억 부처님께 공양한 것과 같은 공덕이 있습니다.

之(지) 座(좌) 如(여) 意(의) 寶(보) 網(망) 羅(라) 覆(복) 其(기) 身(신) 與(여)

其(기) 眷(권) 屬(속) 結(결) 跏(가) 趺(부) 坐(좌)

南(남) 方(방) 過(과) 不(불) 可(가) 說(설) 佛(불) 刹(찰) 微(미) 塵(진)

數(수) 世(세) 界(계) 海(해) 外(외) 有(유) 世(세) 界(계) 名(명) 金(금) 剛(강)

藏(장) 佛(불) 號(호) 普(보) 光(광) 明(명) 無(무) 勝(승) 藏(장) 王(왕) 彼(피)

佛(불) 衆(중) 中(중) 有(유) 菩(보) 薩(살) 名(명) 不(불) 可(가) 壞(괴) 精(정)

進(진) 王(왕) 與(여) 不(불) 可(가) 說(설) 佛(불) 刹(찰) 微(미) 塵(진) 數(수)

菩薩俱來香佛所持一切寶
보살구래향불소지일체보

香網持一切寶瓔珞持一切
향망지일체보영락지일체

寶華帶持一切寶鬘帶持一
보화대지일체보만대지일

切金剛瓔珞持一切摩尼寶
체금강영락지일체마니보

網持一切寶衣帶持一切瓔
망지일체보의대지일체영

珞帶持一切最勝光明摩尼
락대지일체최승광명마니

帶持一切師子摩尼寶瓔珞
대지일체사자마니보영락

悉以神力充徧一切諸世界
실이신력충변일체제세계

海到佛所已頂禮佛足即於
해도불소이정례불족즉어

南方化作徧照世間摩尼寶
남방화작변조세간마니보

莊嚴樓閣及普照十方寶蓮
장엄누각급보조시방보연

華藏師子之座以一切寶華
화장사자지좌이일체보화

網羅覆其身與其眷屬結跏
망라부기신여기권속결가

趺坐
부좌

西(서)方(방)過(과)不(불)可(가)說(설)佛(불)刹(찰)微(미)塵(진)

數(수)世(세)界(계)海(해)外(외)有(유)世(세)界(계)名(명)摩(마)尼(니)

寶(보)燈(등)須(수)彌(미)山(산)幢(당)佛(불)號(호)法(법)界(계)智(지)

燈(등)彼(피)佛(불)衆(중)中(중)有(유)菩(보)薩(살)名(명)普(보)勝(승)

無(무)上(상)威(위)德(덕)王(왕)與(여)世(세)界(계)海(해)微(미)塵(진)

數(수)菩(보)薩(살)俱(구)來(래)向(향)佛(불)所(소)悉(실)以(이)神(신)

力(력)興(흥)不(불)可(가)說(설)佛(불)刹(찰)微(미)塵(진)數(수)種(종)

幢 당	刹 찰	尼 니	數 수	須 수	說 설	種 종
須 수	微 미	寶 보	一 일	彌 미	佛 불	塗 도
彌 미	塵 진	王 왕	切 체	山 산	刹 찰	香 향
山 산	數 수	須 수	大 대	雲 운	微 미	燒 소
雲 운	種 종	彌 미	地 지	不 불	塵 진	香 향
不 불	種 종	山 산	微 미	可 가	數 수	須 수
可 가	光 광	雲 운	塵 진	說 설	種 종	彌 미
說 설	焰 염	不 불	等 등	佛 불	種 종	山 산
佛 불	輪 륜	可 가	光 광	刹 찰	色 색	雲 운
刹 찰	莊 장	說 설	明 명	微 미	香 향	不 불
微 미	嚴 엄	佛 불	摩 마	塵 진	水 수	可 가

塵數種種色金剛藏摩尼王
진수종종색금강장마니왕

莊嚴須彌山雲不可說佛刹
장엄수미산운불가설불찰

微塵數種種普照一切世界
미진수종종보조일체세계

閻浮檀摩尼寶幢須彌山雲
염부단마니보당수미산운

不可說佛刹微塵數現一切
불가설불찰미진수현일체

法界摩尼寶須彌山雲不可
법계마니보수미산운불가

說佛刹微塵數現一切諸佛
설불찰미진수현일체제불

相好摩尼寶王須彌山雲不 (상호마니보왕수미산운불)
可說佛剎微塵數一切如 (가설불찰미진수일체여)
來本事因緣說諸菩薩所行 (래본사인연설제보살소행)
之行摩尼寶王須彌山雲不 (지행마니보왕수미산운불)
可說佛剎微塵數一切佛 (가설불찰미진수일체불)
座菩提場摩尼寶王須彌山 (좌보리장마니보왕수미산)
雲充滿法界至佛所已頂禮 (운충만법계지불소이정례)

佛足卽於西方化作一切香
王樓閣眞珠寶網彌覆其上
及化作帝釋影幢寶蓮華藏
師子之座以妙色摩尼網羅
覆其身心王寶冠以嚴其首
與其眷屬結跏趺坐
北方過不可說佛刹微塵

數世界海外有世界名寶衣
수세계해외유세계명보의

光明幢佛號照虛空法界大
광명당불호조허공법계대

光明彼佛衆中有菩薩名無
광명피불중중유보살명무

礙勝藏王與世界海微塵數
애승장왕여세계해미진수

菩薩俱來向佛所悉以神力
보살구래향불소실이신력

興一切寶衣雲所謂黃色寶
흥일체보의운소위황색보

光明衣種種香所熏衣雲
광명의종종향소훈의운

日幢摩尼王衣雲金色熾然
일당마니왕의운금색치연

摩尼衣雲一切寶光焰衣雲
마니의운일체보광염의운

一切星辰像上妙摩尼衣雲
일체성신상상묘마니의운

白玉光摩尼衣雲光明徧照
백옥광마니의운광명변조

殊勝赫奕摩尼衣雲光明徧
수승혁혁마니의운광명변

照威勢熾盛摩尼衣雲莊嚴
조위세치성마니의운장엄

海摩尼衣雲充徧虛空至佛
해마니의운충변허공지불

所已頂禮佛足卽於北方化
作摩尼寶海莊嚴樓閣及毘
瑠璃寶蓮華藏師子之座以
師子威德摩尼王網羅覆其
身淸淨寶王爲髻明珠與其
眷屬結跏趺坐
東北方過不可說佛刹微

소이정례불족즉어북방화
작마니보해장엄누각급비
류리보연화장사자지좌이
사자위덕마니왕망라부기
신청정보왕위계명주여기
권속결가부좌
동북방과불가설불찰미

塵數世界海外有世界名一
진수세계해외유세계명일

切歡喜清淨光明網佛號無
체환희청정광명망불호무

礙眼彼佛衆中有菩薩名化
애안피불중중유보살명화

現法界願月王與世界海微
현법계원월왕여세계해미

塵數菩薩俱來向佛所悉以
진수보살구래향불소실이

神力興寶樓閣雲香樓閣雲
신력흥보루각운향누각운

燒香樓閣雲華樓閣雲栴檀
소향누각운화누각운전단

사경의 공덕은 십만억 부처님께 공양한 것과 같은 공덕이 있습니다.

樓(누)閣(각)雲(운)金(금)剛(강)樓(누)閣(각)雲(운)摩(마)尼(니)樓(누)
閣(각)雲(운)金(금)樓(누)閣(각)雲(운)衣(의)樓(누)閣(각)雲(운)蓮(연)
華(화)樓(누)閣(각)雲(운)彌(미)覆(부)十(시)方(방)一(일)切(체)世(세)
界(계)至(지)佛(불)所(소)已(이)頂(정)禮(례)佛(불)足(족)卽(즉)於(어)
東(동)北(북)方(방)化(화)作(작)一(일)切(체)法(법)界(계)門(문)大(대)
摩(마)尼(니)樓(누)閣(각)及(급)無(무)等(등)香(향)王(왕)蓮(연)華(화)
藏(장)師(사)子(자)之(지)座(좌)摩(마)尼(니)華(화)網(망)羅(라)覆(부)

사경의 공덕은 십만억 부처님께 공양한 것과 같은 공덕이 있습니다.

其身着妙寶藏摩尼王冠與
기신착묘보장마니왕관여

其眷屬結跏趺坐
기권속결가부좌

東南方過不可說佛刹微
동남방과불가설불찰미

塵數世界海外有世界名香
진수세계해외유세계명향

雲莊嚴幢佛號龍自在王彼
운장엄당불호용자재왕피

佛衆中有菩薩名法慧光焰
불중중유보살명법혜광염

王與世界海微塵數菩薩俱
왕여세계해미진수보살구

光 광	圓 원	華 화	雲 운	光 광	圓 원	來 래
明 명	滿 만	藏 장	種 종	明 명	滿 만	向 향
雲 운	光 광	圓 원	種 종	雲 운	光 광	佛 불
閻 염	明 명	滿 만	寶 보	如 여	明 명	所 소
浮 부	雲 운	光 광	色 색	來 래	雲 운	悉 실
檀 단	如 여	明 명	圓 원	毫 호	無 무	以 이
金 금	來 래	雲 운	滿 만	相 상	量 량	神 신
色 색	頂 정	衆 중	光 광	圓 원	寶 보	力 력
圓 원	髻 계	寶 보	明 명	滿 만	色 색	興 흥
滿 만	圓 원	樹 수	雲 운	光 광	圓 원	金 금
光 광	滿 만	枝 지	蓮 연	明 명	滿 만	色 색

사경의 공덕은 십만억 부처님께 공양한 것과 같은 공덕이 있습니다.

明(명)雲(운)日(일)色(색)圓(원)滿(만)光(광)明(명)雲(운)星(성)月(월)
色(색)圓(원)滿(만)光(광)明(명)雲(운)悉(실)徧(변)虛(허)空(공)到(도)
佛(불)所(소)已(이)頂(정)禮(례)佛(불)足(족)卽(즉)於(어)東(동)南(남)
方(방)化(화)作(작)毘(비)盧(로)遮(자)那(나)最(최)上(상)寶(보)光(광)
明(명)樓(누)閣(각)金(금)剛(강)摩(마)尼(니)蓮(연)華(화)藏(장)師(사)
子(자)之(지)座(좌)衆(중)寶(보)光(광)焰(염)摩(마)尼(니)王(왕)網(망)
羅(라)覆(부)其(기)身(신)與(여)其(기)眷(권)屬(속)結(결)跏(가)趺(부)

사경의 공덕은 십만억 부처님께 공양한 것과 같은 공덕이 있습니다.

坐(좌)

西(서)方(방)過(과)不(불)可(가)說(설)佛(불)剎(찰)微(미)

塵(진)數(수)世(세)界(계)海(해)外(외)有(유)世(세)界(계)名(명)日(일)

光(광)摩(마)尼(니)藏(장)佛(불)號(호)普(보)照(조)諸(제)法(법)智(지)

月(월)王(왕)彼(피)佛(불)衆(중)中(중)有(유)菩(보)薩(살)名(명)摧(최)

破(파)一(일)切(체)魔(마)軍(군)智(지)幢(당)王(왕)與(여)世(세)界(계)

海(해)微(미)塵(진)數(수)菩(보)薩(살)俱(구)來(래)向(향)佛(불)所(소)

於(어) 一(일) 切(체) 毛(모) 孔(공) 中(중) 出(출) 等(등) 虛(허) 空(공) 界(계)

華(화) 焰(염) 雲(운) 香(향) 焰(염) 雲(운) 寶(보) 焰(염) 雲(운) 金(금) 剛(강)

焰(염) 雲(운) 燒(소) 香(향) 焰(염) 雲(운) 電(전) 光(광) 焰(염) 雲(운) 毘(비)

盧(로) 遮(자) 那(나) 摩(마) 尼(니) 寶(보) 焰(염) 雲(운) 一(일) 切(체) 金(금)

光(광) 焰(염) 雲(운) 勝(승) 藏(장) 摩(마) 尼(니) 王(왕) 光(광) 焰(염) 雲(운)

等(등) 三(삼) 世(세) 如(여) 來(래) 海(해) 光(광) 焰(염) 雲(운) 一(일) 一(일)

皆(개) 從(종) 毛(모) 孔(공) 中(중) 出(출) 徧(변) 虛(허) 空(공) 界(계) 到(도)

사경의 공덕은 십만억 부처님께 공양한 것과 같은 공덕이 있습니다.

佛所已頂禮佛足卽於西南 (불소이정례불족즉어서남)

方化作普現十方法界光明 (방화작보현시방법계광명)

網大摩尼寶樓閣及香燈焰 (망대마니보누각급향등염)

寶蓮華藏師子之座以離垢 (보연화장사자지좌이이구)

藏摩尼網羅覆其身着出一 (장마니망라부기신착출일)

切衆生發趣音摩尼王嚴飾 (체중생발취음마니왕엄식)

冠與其眷屬結跏趺坐 (관여기권속결가부좌)

사경의 공덕은 십만억 부처님께 공양한 것과 같은 공덕이 있습니다.

西(서)北(북)方(방)過(과)不(불)可(가)說(설)佛(불)刹(찰)微(미)

塵(진)數(수)世(세)界(계)海(해)外(외)有(유)世(세)界(계)名(명)毘(비)

盧(로)遮(자)那(나)願(원)摩(마)尼(니)王(왕)藏(장)佛(불)號(호)普(보)

光(광)明(명)最(최)勝(승)須(수)彌(미)王(왕)彼(피)佛(불)衆(중)中(중)

有(유)菩(보)薩(살)名(명)願(원)智(지)光(광)明(명)幢(당)與(여)世(세)

界(계)海(해)微(미)塵(진)數(수)菩(보)薩(살)俱(구)來(래)向(향)佛(불)

所(소)於(어)念(념)念(념)中(중)一(일)切(체)相(상)好(호)一(일)切(체)

毛孔一切身分皆出三世一
모공일체신분개출삼세일

切如來形像雲一切菩薩形
체여래형상운일체보살형

像雲一切如來衆會形像雲
상운일체여래중회형상운

一切如來變化身形像雲一
일체여래변화신형상운일

切如來本生身形像雲一切
체여래본생신형상운일체

聲聞辟支佛形像雲一切如
성문벽지불형상운일체여

來菩提場形像雲一切如來
래보리장형상운일체여래

神變形像雲一切世間主形
신변형상운일체세간주형

像雲一切淸淨國土形像雲
상운일체청정국토형상운

充滿虛空至佛所已頂禮佛
충만허공지불소이정례불

足卽於西北方化作普照十
족즉어서북방화작보조십

方摩尼寶莊嚴樓閣及普照
방마니보장엄누각급보조

世間寶蓮華藏師子之座以
세간보연화장사자지좌이

無能勝光明眞珠網羅覆其
무능승광명진주망라복기

사경의 공덕은 십만억 부처님께 공양한 것과 같은 공덕이 있습니다.

身着普光明摩尼寶冠與其

眷屬結跏趺坐

下方過不可說佛刹微塵

數世界海外有世界名一切

如來圓滿光普照佛號虛空

無礙相智幢王彼佛衆中有

菩薩名破一切障勇猛智王

사경의 공덕은 십만억 부처님께 공양한 것과 같은 공덕이 있습니다.

與世界海微塵數菩薩俱來
여세계해미진수보살구래

向佛所於一切毛孔中出說
향불소어일체모공중출설

一切衆生語言海音聲雲出
일체중생어언해음성운출

說一切三世菩薩修行方便
설일체삼세보살수행방편

海音聲雲出說一切菩薩所
해음성운출설일체보살소

起願方便海音聲雲出說一
기원방편해음성운출설일

切菩薩成滿清淨波羅蜜方
체보살성만청정바라밀방

法 법	用 용	場 량	聲 성	說 설	圓 원	便 편
輪 륜	音 음	破 파	雲 운	一 일	滿 만	海 해
契 계	聲 성	魔 마	出 출	切 체	行 행	音 음
經 경	雲 운	軍 군	說 설	菩 보	徧 변	聲 성
門 문	出 출	衆 중	一 일	薩 살	一 일	雲 운
名 명	說 설	成 성	切 체	成 성	切 체	出 출
號 호	一 일	等 등	如 여	就 취	刹 찰	說 설
海 해	切 체	正 정	來 래	自 자	音 음	一 일
音 음	如 여	覺 각	往 왕	在 재	聲 성	切 체
聲 성	來 래	自 자	詣 예	用 용	雲 운	菩 보
雲 운	轉 전	在 재	道 도	音 음	出 출	薩 살

사경의 공덕은 십만억 부처님께 공양한 것과 같은 공덕이 있습니다.

出說一切隨應敎化調伏衆
출설일체수응교화조복중

生法方便海音聲雲出說一
생법방편해음성운출설일

切隨時隨善根隨願力普令
체수시수선근수원력보령

衆生證得智慧方便海音聲
중생증득지혜방편해음성

雲到佛所已頂禮佛足卽於
운도불소이정례불족즉어

下方化作現一切如來宮殿
하방화작현일체여래궁전

形像衆寶莊嚴樓閣及一切
형상중보장엄누각급일체

사경의 공덕은 십만억 부처님께 공양한 것과 같은 공덕이 있습니다.

寶蓮華藏師子之座着普現 (보연화장사자지좌착보현)

道場影摩尼寶冠與其眷屬 (도량영마니보관여기권속)

結跏趺坐 (결가부좌)

上方過不可說佛刹微塵 (상방과불가설불찰미진)

數世界海外有世界名說佛 (수세계해외유세계명설불)

種性無有盡佛號普智輪光 (종성무유진불호보지륜광)

明音彼佛衆中有菩薩名法 (명음피불중중유보살명법)

界(계) 差(차) 別(별) 願(원) 與(여) 世(세) 界(계) 海(해) 微(미) 塵(진) 數(수)

菩(보) 薩(살) 俱(구) 發(발) 彼(피) 道(도) 場(량) 來(래) 向(향) 此(차) 娑(사)

婆(바) 世(세) 界(계) 釋(석) 迦(가) 牟(모) 尼(니) 佛(불) 所(소) 於(어) 一(일)

切(체) 相(상) 好(호) 一(일) 切(체) 毛(모) 孔(공) 一(일) 切(체) 身(신) 分(분)

一(일) 切(체) 肢(지) 節(절) 一(일) 切(체) 莊(장) 嚴(엄) 具(구) 一(일) 切(체)

衣(의) 服(복) 中(중) 現(현) 毘(비) 盧(로) 遮(자) 那(나) 等(등) 過(과) 去(거)

一(일) 切(체) 諸(제) 佛(불) 未(미) 來(래) 一(일) 切(체) 諸(제) 佛(불) 已(이)

사경의 공덕은 십만억 부처님께 공양한 것과 같은 공덕이 있습니다.

波 바	諸 제	海 해	及 급	會 회	一 일	得 득
羅 라	本 본	亦 역	其 기	亦 역	切 체	授 수
蜜 밀	事 사	現 현	一 일	現 현	國 국	記 기
割 할	海 해	過 과	切 체	過 과	土 토	未 미
截 절	亦 역	去 거	受 수	去 거	一 일	授 수
肢 지	現 현	行 행	布 보	行 행	切 체	記 기
體 체	過 과	尸 시	施 시	檀 단	諸 제	者 자
心 심	去 거	羅 라	者 자	那 나	佛 불	現 현
無 무	行 행	波 바	諸 제	波 바	幷 병	在 재
動 동	羼 찬	羅 라	本 본	羅 라	其 기	十 시
亂 란	提 제	蜜 밀	事 사	蜜 밀	衆 중	方 방

諸本事海亦現過去行精進
제본사해역현과거행정진

波羅蜜勇猛不退諸本事海
바라밀용맹불퇴제본사해

亦現過去求一切如來禪波
역현과거구일체여래선바

羅蜜海而得成就諸本事海
라밀해이득성취제본사해

亦現過去求一切佛所轉法
역현과거구일체불소전법

輪所成就法發勇猛心一切
륜소성취법발용맹심일체

皆捨諸本事海亦現過去樂
개사제본사해역현과거락

사경의 공덕은 십만억 부처님께 공양한 것과 같은 공덕이 있습니다.

見一切佛樂行一切菩薩道
견일체불락행일체보살도

樂化一切衆生界諸本事海
락화일체중생계제본사해

亦現過去所發一切菩薩大
역현과거소발일체보살대

願清淨莊嚴諸本事海亦現
원청정장엄제본사해역현

過去菩薩所成力波羅蜜勇
과거보살소성력바라밀용

猛清淨諸本事海亦現過去
맹청정제본사해역현과거

一切菩薩所修圓滿智波羅
일체보살소수원만지바라

사경의 공덕은 십만억 부처님께 공양한 것과 같은 공덕이 있습니다.

蜜(밀) 諸(제) 本(본) 事(사) 海(해) 如(여) 是(시) 一(일) 切(체) 本(본) 事(사)
海(해) 皆(개) 悉(실) 皆(개) 徧(변) 滿(만) 廣(광) 大(대) 法(법) 界(계) 至(지)
佛(불) 所(소) 已(이) 頂(정) 禮(례) 佛(불) 足(족) 卽(즉) 於(어) 上(상) 方(방)
化(화) 作(작) 一(일) 切(체) 金(금) 剛(강) 藏(장) 莊(장) 嚴(엄) 樓(누) 閣(각)
及(급) 帝(제) 青(청) 金(금) 剛(강) 王(왕) 蓮(연) 華(화) 藏(장) 師(사) 子(자)
之(지) 座(좌) 以(이) 一(일) 切(체) 寶(보) 光(광) 明(명) 摩(마) 尼(니) 王(왕)
網(망) 羅(라) 覆(부) 其(기) 身(신) 以(이) 演(연) 說(설) 三(삼) 世(세) 如(여)

사경의 공덕은 십만억 부처님께 공양한 것과 같은 공덕이 있습니다.

來名摩尼寶王爲髻明珠與
래명마니보왕위계명주여

其眷屬結跏趺坐
기권속결가부좌

如是十方一切菩薩其
여시십방일체보살기

眷屬皆從普賢菩薩行願中
권속개종보현보살행원중

生以淨智眼見三世佛普聞
생이정지안견삼세불보문

一切諸佛如來所轉法輪修
일체제불여래소전법륜수

多羅海已得至於一切菩薩
다라해이득지어일체보살

사경의 공덕은 십만억 부처님께 공양한 것과 같은 공덕이 있습니다.

自(자)在(재)彼(피)岸(안)於(어)念(념)念(념)中(중)現(현)大(대)神(신)

變(변)親(친)近(근)一(일)切(체)諸(제)佛(불)如(여)來(래)一(일)身(신)

充(충)滿(만)一(일)切(체)世(세)界(계)一(일)切(체)如(여)來(래)眾(중)

會(회)道(도)場(량)於(어)一(일)塵(진)中(중)普(보)現(현)一(일)切(체)

世(세)間(간)境(경)界(계)教(교)化(화)成(성)就(취)一(일)切(체)眾(중)

生(생)未(미)曾(증)失(실)時(시)一(일)毛(모)孔(공)中(중)出(출)一(일)

切(체)如(여)來(래)說(설)法(법)音(음)聲(성)知(지)一(일)切(체)眾(중)

生悉皆如幻知一切佛悉皆
생실개여환지일체불실개

如影知一切諸趣受生悉皆
여영지일체제취수생실개

如夢知一切業報如鏡中像
여몽지일체업보여경중상

知一切諸有生起如熱時焰
지일체제유생기여열시염

知一切世界皆如變化成就
지일체세계개여변화성취

如來十力無畏勇猛自在能
여래십력무외용맹자재능

師子吼深入無盡辯才大海
사자후심입무진변재대해

得一切衆生言辭海諸法智
득일체중생언사해제법지

於虛空法界所行無礙知一
어허공법계소행무애지일

切法無有障礙一切菩薩神
체법무유장애일체보살신

通境界悉已淸淨勇猛精進
통경계실이청정용맹정진

摧伏魔軍恒以智慧了達三
최복마군항이지혜요달삼

世知一切法猶如虛空無有
세지일체법유여허공무유

違諍亦無取着雖勤精進而
위쟁역무취착수근정진이

사경의 공덕은 십만억 부처님께 공양한 것과 같은 공덕이 있습니다.

知一切智終無所來雖觀境
지일체지종무소래수관경

界而知一切有悉不可得以
계이지일체유실불가득이

方便智入一切法界以平等
방편지입일체법계이평등

智入一切國土以自在力令
지입일체국토이자재력령

一切世界展轉相入於一切
일체세계전전상입어일체

世界處處受生見一切世界
세계처처수생견일체세계

種種形相於微細境現廣大
종종형상어미세경현광대

사경의 공덕은 십만억 부처님께 공양한 것과 같은 공덕이 있습니다.

刹(찰)於(어)廣(광)大(대)境(경)現(현)微(미)細(세)刹(찰)於(어)一(일)

佛(불)所(소)一(일)念(념)之(지)頃(경)得(득)一(일)切(체)佛(불)威(위)

神(신)所(소)加(가)普(보)見(견)十(시)方(방)無(무)所(소)迷(미)惑(혹)

於(어)刹(찰)那(나)頃(경)悉(실)能(능)往(왕)詣(예)如(여)是(시)等(등)

一(일)切(체)菩(보)薩(살)滿(만)逝(서)多(다)林(림)皆(개)是(시)如(여)

來(래)威(위)神(신)之(지)力(력)于(우)時(시)上(상)首(수)諸(제)大(대)

聲(성)聞(문)舍(사)利(리)弗(불)大(대)目(목)犍(건)連(련)摩(마)訶(하)

迦葉離婆多須菩提阿㝹樓
가섭이바다수보리아누루

駄難陀劫賓那迦栴延富樓
타난타겁빈나가전연부루

那等諸大聲聞在逝多林皆
나등제대성문재서다림개

悉不見如來神力如來嚴好
실불견여래신력여래엄호

如來境界如來遊戲如來神
여래경계여래유희여래신

變如來尊勝如來妙行如來
변여래존승여래묘행여래

威德如來住持如來淨剎亦
위덕여래주지여래정찰역

復不見不可思議菩薩境界
부불견불가사의보살경계

菩薩大會菩薩普入菩薩普
보살대회보살보입보살보

至菩薩普詣菩薩神變菩薩
지보살보예보살신변보살

遊戲菩薩眷屬菩薩方所菩
유희보살권속보살방소보

薩莊嚴師子座菩薩宮殿菩
살장엄사자좌보살궁전보

薩住處菩薩所入三昧自在
살주처보살소입삼매자재

菩薩觀察菩薩頻申菩薩勇
보살관찰보살빈신보살용

變 변	莊 장	相 상	示 시	淨 정	成 성	猛 맹
化 화	嚴 엄	具 구	現 현	菩 보	熟 숙	菩 보
雲 운	菩 보	足 족	菩 보	薩 살	菩 보	薩 살
菩 보	薩 살	清 청	薩 살	智 지	薩 살	供 공
薩 살	放 방	淨 정	色 색	身 신	勇 용	養 양
身 신	大 대	菩 보	身 신	圓 원	健 건	菩 보
徧 변	光 광	薩 살	成 성	滿 만	菩 보	薩 살
十 시	網 망	常 상	就 취	菩 보	薩 살	受 수
方 방	菩 보	光 광	菩 보	薩 살	法 법	記 기
菩 보	薩 살	衆 중	薩 살	願 원	身 신	菩 보
薩 살	起 기	色 색	諸 제	身 신	清 청	薩 살

사경의 공덕은 십만억 부처님께 공양한 것과 같은 공덕이 있습니다.

諸行圓滿如是等事一切聲
제행원만여시등사일체성

聞諸大弟子皆悉不見何以
문제대제자개실불견하이

故以善根不同故本不修習
고이선근부동고본불수습

見佛自在善根故本不讚說
견불자재선근고본불찬설

十方世界一切佛刹清淨功
시방세계일체불찰청정공

德故本不稱歎諸佛世尊種
덕고본불칭탄제불세존종

種神變故本不於生死流轉
종신변고본불어생사유전

사경의 공덕은 십만억 부처님께 공양한 것과 같은 공덕이 있습니다.

之(지)中(중)發(발)阿(아)耨(뇩)多(다)羅(라)三(삼)藐(먁)三(삼)菩(보)
提(리)心(심)故(고)本(본)不(불)令(령)他(타)住(주)菩(보)提(리)心(심)
故(고)本(본)不(불)能(능)令(령)如(여)來(래)種(종)性(성)不(부)斷(단)
絶(절)故(고)本(본)不(불)攝(섭)受(수)諸(제)衆(중)生(생)故(고)本(본)
不(불)勸(권)他(타)修(수)習(습)菩(보)薩(살)波(바)羅(라)蜜(밀)故(고)
本(본)在(재)生(생)死(사)流(유)轉(전)之(지)時(시)不(불)勸(권)衆(중)
生(생)求(구)於(어)最(최)勝(승)大(대)智(지)眼(안)故(고)本(본)不(불)

修(수)習(습)生(생)一(일)切(체)智(지)諸(제)善(선)根(근)故(고)本(본)

不(불)成(성)就(취)如(여)來(래)出(출)世(세)諸(제)善(선)根(근)故(고)

本(본)不(부)得(득)嚴(엄)淨(정)佛(불)剎(찰)神(신)通(통)智(지)故(고)

本(본)不(부)得(득)諸(제)菩(보)薩(살)眼(안)所(소)知(지)境(경)故(고)

本(본)不(불)求(구)超(초)出(출)世(세)間(간)不(불)共(공)菩(보)提(리)

諸(제)善(선)根(근)故(고)本(본)不(불)發(발)一(일)切(체)菩(보)薩(살)

諸(제)大(대)願(원)故(고)本(본)不(불)從(종)如(여)來(래)加(가)被(피)

能 능	聞 문	二 이	賢 현	薩 살	菩 보	之 지
入 입	不 불	乘 승	菩 보	廣 광	薩 살	所 소
不 불	能 능	所 소	薩 살	大 대	如 여	生 생
能 능	見 견	共 공	智 지	歡 환	夢 몽	故 고
得 득	不 불	以 이	眼 안	喜 희	故 고	本 본
不 불	能 능	是 시	境 경	故 고	本 본	不 불
能 능	知 지	因 인	界 계	如 여	不 부	知 지
念 념	不 불	緣 연	不 불	是 시	得 득	諸 제
不 불	能 능	諸 제	與 여	皆 개	諸 제	法 법
能 능	聞 문	大 대	一 일	是 시	大 대	如 여
觀 관	不 불	聲 성	切 체	普 보	菩 보	幻 환

察不能籌量不能思惟不能
分別是故雖在逝多林中不
見如來諸大神變
復次諸大聲聞無如是善
根故無如是智眼故無如是
三昧故無如是解脫故無如
是神通故無如是威德故無

사경의 공덕은 십만억 부처님께 공양한 것과 같은 공덕이 있습니다.

如是勢力故無如是自在故
여시세력고무여시자재고

無如是住處故無如是境界
무여시주처고무여시경계

故是故於此不能知不能見
고시고어차불능지불능견

不能入不能證不能住不能
불능입불능증불능주불능

解不能觀察不能忍受不能
해불능관찰불능인수불능

趣向不能遊履又亦不能廣
취향불능유리우역불능광

爲他人開闡解說稱揚示現
위타인개천해설칭양시현

引導勸進令其趣向令其修
인도권진령기취향령기수

習令其安住其證入何以
습령기안주기증입하이

故諸大弟子依聲聞乘而出
고제대제자의성문승이출

離故成就聲聞道滿足聲聞
리고성취성문도만족성문

行安住聲聞果於無有諦得
행안주성문과어무유체득

決定智常住實際究竟寂靜
결정지상주실제구경적정

遠離大悲捨於衆生住於自
원리대비사어중생주어자

사경의 공덕은 십만억 부처님께 공양한 것과 같은 공덕이 있습니다.

事(사)於(어)彼(피)智(지)慧(혜)不(불)能(능)積(적)集(집)不(불)能(능)
修(수)行(행)不(불)能(능)安(안)住(주)不(불)能(능)願(원)求(구)不(불)
能(능)成(성)就(취)不(불)能(능)清(청)淨(정)不(불)能(능)趣(취)入(입)
不(불)能(능)通(통)達(달)不(불)能(능)知(지)見(견)不(불)能(능)證(증)
得(득)是(시)故(고)雖(수)在(재)逝(서)多(다)林(림)中(중)對(대)於(어)
如(여)來(래)不(불)見(견)如(여)是(시)廣(광)大(대)神(신)變(변)
佛(불)子(자)如(여)恒(항)河(하)岸(안)有(유)百(백)千(천)億(억)

사경의 공덕은 십만억 부처님께 공양한 것과 같은 공덕이 있습니다.

無量餓鬼裸形饑渴擧體燋 (무량아귀라형기갈거체초)
然烏鷲豺狼競來搏撮爲渴 (연오취시랑경래박촬위갈)
所逼欲求水飮雖住河邊而 (소핍욕구수음수주하변이)
不見河設有見者見其枯渴 (불견하설유견자견기고갈)
何以故深厚業障之所覆故 (하이고심후업장지소부고)
彼大聲聞亦復如是雖復住 (피대성문역부여시수부주)
在逝多林中不見如來廣大 (재서다림중불견여래광대)

사경의 공덕은 십만억 부처님께 공양한 것과 같은 공덕이 있습니다.

神力捨一切智無明翳膜覆
신력사일체지무명예막부

其眼故不曾種植薩婆若地
기안고부증종식살바야지

諸善根故
제선근고

譬如有人於大會中昏睡
비여유인어대회중혼수

安寢忽然夢見須彌山頂帝
안침홀연몽견수미산정제

釋所住善見大城宮殿園林
석소주선견대성궁전원림

種種嚴好天子天女百千萬
종종엄호천자천녀백천만

大 대	衣 의	天 천	天 천	敷 부	衣 의	億 억
會 회	服 복	於 어	諸 제	妙 묘	樹 수	普 보
中 중	普 보	中 중	采 채	華 화	出 출	散 산
一 일	於 어	戲 희	女 녀	諸 제	妙 묘	天 천
切 체	其 기	樂 락	歌 가	音 음	衣 의	華 화
諸 제	處 처	其 기	詠 영	樂 악	服 복	遍 변
人 인	住 주	人 인	美 미	樹 수	種 종	滿 만
雖 수	止 지	自 자	音 음	奏 주	種 종	其 기
同 동	周 주	見 견	無 무	天 천	華 화	地 지
一 일	旋 선	着 착	量 량	音 음	樹 수	種 종
處 처	其 기	天 천	諸 제	樂 악	開 개	種 종

사경의 공덕은 십만억 부처님께 공양한 것과 같은 공덕이 있습니다.

不(부)知(지)不(불)見(견)何(하)以(이)故(고)夢(몽)中(중)所(소)見(견)

非(비)彼(피)大(대)衆(중)所(소)能(능)見(견)故(고)一(일)切(체)菩(보)

薩(살)世(세)間(간)諸(제)王(왕)亦(역)復(부)如(여)是(시)以(이)久(구)

積(적)集(집)善(선)根(근)力(력)故(고)發(발)一(일)切(체)智(지)廣(광)

大(대)願(원)故(고)學(학)習(습)一(일)切(체)佛(불)功(공)德(덕)故(고)

修(수)行(행)菩(보)薩(살)莊(장)嚴(엄)道(도)故(고)圓(원)滿(만)一(일)

切(체)智(지)智(지)法(법)故(고)滿(만)足(족)普(보)賢(현)諸(제)行(행)

願故趣入一切菩薩智地故
遊戲一切菩薩所住諸三昧
故已能觀察一切菩薩智慧
境界無障礙故是故悉見如
來世尊不可思議自在神變
一切聲聞大弟子皆不能
見皆不能知以無菩薩清淨

不 불	大 대	境 경	藥 약	放 방	醫 의	眼 안
欲 욕	神 신	界 계	此 차	牧 목	詣 예	故 고
利 이	變 변	具 구	亦 역	之 지	彼 피	譬 비
他 타	諸 제	自 자	如 여	人 인	悉 실	如 여
唯 유	大 대	在 재	是 시	恒 항	能 능	雪 설
求 구	弟 제	力 력	以 이	住 주	分 분	山 산
自 자	子 자	能 능	諸 제	彼 피	別 별	具 구
安 안	唯 유	見 견	菩 보	山 산	其 기	衆 중
不 불	求 구	如 여	薩 살	不 불	諸 제	藥 약
欲 욕	自 자	來 래	入 입	見 견	捕 포	草 초
安 안	利 리	廣 광	智 지	其 기	獵 렵	良 양

他타 雖수 在재 林림 中중 不부 知지 不불 見견 譬비 如여
地지 中중 有유 諸제 寶보 藏장 種종 種종 珍진 異이 悉실
皆개 充충 滿만 有유 一일 丈장 夫부 聰총 慧혜 明명 達달
善선 能능 分분 別별 一일 切체 伏복 藏장 其기 人인 復부
有유 大대 福복 德덕 力력 能능 隨수 所소 欲욕 自자 在재
而이 取취 奉봉 養양 父부 母모 賑진 恤휼 親친 屬속 老노
病병 窮궁 乏핍 靡미 不불 均균 贍첨 其기 無무 智지 慧혜

正 정	遊 유	能 능	入 입	如 여	處 처	無 무
法 법	三 삼	見 견	如 여	是 시	不 부	福 복
開 개	昧 매	佛 불	來 래	諸 제	知 지	德 덕
悟 오	海 해	神 신	不 불	大 대	不 불	人 인
衆 중	能 능	力 력	可 가	菩 보	見 견	雖 수
生 생	供 공	能 능	思 사	薩 살	不 부	亦 역
能 능	養 양	入 입	議 의	有 유	得 득	至 지
以 이	諸 제	諸 제	甚 심	淨 정	其 기	於 어
四 사	佛 불	法 법	深 심	智 지	益 익	寶 보
攝 섭	能 능	門 문	境 경	眼 안	此 차	藏 장
攝 섭	以 이	能 능	界 계	能 능	亦 역	之 지

사경의 공덕은 십만억 부처님께 공양한 것과 같은 공덕이 있습니다.

於 어	切 체	人 인	見 견	礙 애	薩 살	如 여
夜 야	暗 암	得 득	於 어	淨 정	大 대	來 래
暗 암	色 색	清 청	如 여	眼 안	會 회	自 자
中 중	不 불	淨 정	來 래	不 불	何 하	在 재
處 처	能 능	眼 안	自 자	能 능	以 이	神 신
在 재	爲 위	名 명	在 재	次 차	故 고	力 력
無 무	障 장	離 이	力 력	第 제	無 무	亦 역
量 량	爾 이	垢 구	故 고	悟 오	有 유	不 부
百 백	時 시	光 광	譬 비	入 입	菩 보	得 득
千 천	彼 피	明 명	如 여	法 법	薩 살	見 견
萬 만	人 인	一 일	有 유	界 계	無 무	菩 보

사경의 공덕은 십만억 부처님께 공양한 것과 같은 공덕이 있습니다.

億억 人인 衆중 之지 內내 或혹 行행 或혹 住주 或혹 坐좌

或혹 臥와 彼피 諸제 人인 衆중 形형 相상 威위 儀의 此차

明명 眼안 人인 莫막 不불 具구 見견 其기 明명 眼안 者자

威위 儀의 進진 退퇴 彼피 諸제 人인 衆중 悉실 不불 能능

覩도 佛불 亦역 如여 是시 成성 就취 智지 眼안 淸청 淨정

無무 礙애 悉실 能능 明명 見견 一일 切체 世세 間간 其기

所소 示시 現현 神신 通통 變변 化화 大대 菩보 薩살 衆중

사경의 공덕은 십만억 부처님께 공양한 것과 같은 공덕이 있습니다.

身 신	偏 변	處 처	定 정	處 처	見 견	所 소
偏 변	處 처	定 정	火 화	定 정	譬 비	共 공
處 처	定 정	黃 황	偏 변	所 소	如 여	圍 위
定 정	天 천	偏 변	處 처	謂 위	比 비	繞 요
一 일	偏 변	處 처	定 정	地 지	丘 구	諸 제
切 체	處 처	定 정	風 풍	偏 변	在 재	大 대
語 어	定 정	赤 적	偏 변	處 처	大 대	弟 제
言 언	種 종	偏 변	處 처	定 정	衆 중	子 자
音 음	種 종	處 처	定 정	水 수	中 중	悉 실
聲 성	衆 중	定 정	青 청	偏 변	入 입	不 불
偏 변	生 생	白 백	偏 변	處 처	偏 변	能 능

處定一切所緣徧處定入此
처정일체소연변처정입차

定者見其所緣其餘大衆悉
정자견기소연기여대중실

不能見唯除有住此三昧者
불능견유제유주차삼매자

如來所現不可思議諸佛境
여래소현불가사의제불경

界亦復如是菩薩具見聲聞
계역부여시보살구견성문

莫覩譬如有人以翳形藥自
막도비여유인이예형약자

塗其眼在於衆會去來坐立
도기안재어중회거래좌립

同 동	天 천	諸 제	能 능	於 어	事 사	無 무
名 명	恒 항	大 대	得 득	世 세	應 응	能 능
天 천	常 상	菩 보	見 견	普 보	知 지	見 견
常 상	隨 수	薩 살	唯 유	見 견	如 여	者 자
見 견	逐 축	如 여	除 제	世 세	來 래	而 이
人 인	一 일	人 인	趣 취	間 간	亦 역	能 능
人 인	曰 왈	生 생	向 향	非 비	復 부	悉 실
不 불	同 동	已 이	一 일	諸 제	如 여	覩 도
見 견	生 생	則 즉	切 체	聲 성	是 시	衆 중
天 천	二 이	有 유	智 지	聞 문	超 초	會 회
應 응	曰 왈	二 이	境 경	所 소	過 과	中 중

사경의 공덕은 십만억 부처님께 공양한 것과 같은 공덕이 있습니다.

知지 如여 來래 亦역 復부 如여 是시 在재 諸제 菩보 薩살

大대 集집 會회 中중 現현 大대 神신 通통 諸제 大대 聲성

聞문 悉실 不불 能능 見견 譬비 如여 比비 丘구 得득 心심

自자 在재 入입 滅멸 盡진 定정 六육 根근 作작 業업 皆개

悉실 不불 行행 一일 切체 語어 言언 不부 知지 不불 覺각

定정 力력 持지 故고 不불 般반 涅열 槃반 一일 切체 聲성

聞문 亦역 復부 如여 是시 雖수 復부 住주 在재 逝서 多다

林림中중具구足족六육根근而이不부知지不불見견
不불解해不불入입如여來래自자在재菩보薩살衆중
會회諸제所소作작事사何하以이故고如여來래境경
界계甚심深심廣광大대難난見견難난知지難난測측
難난量량超초諸제世세間간不불可가思사議의無무
能능壞괴者자非비是시一일切체二이乘승境경界계
是시故고如여來래自자在재神신力력菩보薩살衆중

會及逝多林普徧一切清淨
회급서다림보변일체청정

世界如是等事諸大聲聞悉
세계여시등사제대성문실

不知見非其器故
부지견비기기고

爾時毘盧遮那願光明菩
이시비로자나원광명보

薩承佛神力觀察十方而說
살승불신력관찰시방이설

頌言
송언

汝等應觀察 佛道不思議
여등응관찰 불도부사의

於此逝多林
어 차 서 다 림

善逝威神力
선 서 위 신 력

一切諸世間
일 체 제 세 간

法王深妙法
법 왕 심 묘 법

所現諸神通
소 현 제 신 통

以了法無相
이 료 법 무 상

而具相莊嚴
이 구 상 장 엄

示現神通力
시 현 신 통 력

所現無央數
소 현 무 앙 수

迷惑不能了
미 혹 불 능 료

無量難思議
무 량 난 사 의

擧世莫能測
거 세 막 능 측

是故名爲佛
시 고 명 위 불

稱揚不可盡
칭 양 불 가 진

今於此林內 (금어차림내)
甚深無有邊 (심심무유변)
汝觀大威德 (여관대위덕)
十方諸國土 (십방제국토)
所願皆具足 (소원개구족)
一切諸世間 (일체제세간)
一切諸緣覺 (일체제연각)

示現大神力 (시현대신력)
言辭莫能辯 (언사막능변)
無量菩薩衆 (무량보살중)
而來見世尊 (이래견세존)
所行無障礙 (소행무장애)
無能測量者 (무능측량자)
及彼大聲聞 (급피대성문)

皆悉不能知 개실불능지
菩薩大智慧 보살대지혜
高建勇猛幢 고건용맹당
諸大名稱士 제대명칭사
所現諸神變 소현제신변

爾時不可壞 이시불가괴
承佛神力觀察 승불신력관찰

菩薩行境界 보살행경계
諸地悉究竟 제지실구경
難摧難可動 난최난가동
無量三昧力 무량삼매력
法界悉充滿 법계실충만
精進王菩薩 정진왕보살
十方而說頌 시방이설송

言 (언)

汝觀諸佛子 (여관제불자)

究竟菩提行 (구경보리행)

其心本明達 (기심본명달)

智慧無邊際 (지혜무변제)

今此逝多林 (금차서다림)

菩薩衆雲集 (보살중운집)

智慧功德藏 (지혜공덕장)

安隱諸世間 (안은제세간)

善入諸三昧 (선입제삼매)

境界不可量 (경계불가량)

種種皆嚴飾 (종종개엄식)

親近如來住 (친근여래주)

汝觀無所着 (여관무소착)
十方來詣此 (십방래예차)
無來亦無住 (무래역무주)
離垢心無礙 (이구심무애)
建立智慧幢 (건립지혜당)
知無變化法 (지무변화법)
十方無量刹 (시방무량찰)

無量大衆海 (무량대중해)
坐寶蓮華座 (좌보련화좌)
無依無戱論 (무의무희론)
究竟於法界 (구경어법계)
堅固不動搖 (견고부동요)
而現變化事 (이현변화사)
一切諸佛所 (일체제불소)

同時悉往詣 동시실왕예
汝觀釋師子 여관석사자
能令菩薩衆 능령보살중
一切諸佛法 일체제불법
言說故不同 언설고부동
諸佛常安住 제불상안주
演說差別法 연설차별법

而亦不分身 이역불분신
自在神通力 자재신통력
一切俱來集 일체구래집
法界悉平等 법계실평등
此衆咸通達 차중함통달
法界平等際 법계평등제
言辭無有盡 언사무유진

爾時普勝無上威德王菩薩承佛神力觀察十方而說頌言

이시보승무상위덕왕보살승불신력관찰시방이설송언

汝觀無上士 廣大智圓滿

여관무상사 광대지원만

善達時非時 爲衆演說法

선달시비시 위중연설법

摧伏衆外道 一切諸異論

최복중외도 일체제이론

普隨衆生心 爲現神通力

보수중생심 위현신통력

사경의 공덕은 십만억 부처님께 공양한 것과 같은 공덕이 있습니다.

正覺非有量 亦復非無量
정각비유량 역부비무량

若量若無量 牟尼悉超越
약량약무량 모니실초월

如日在虛空 照臨一切處
여일재허공 조림일체처

佛智亦如是 了達三世法
불지역여시 요달삼세법

譬如十五夜 月輪無減缺
비여십오야 월륜무감결

如來亦復然 白法悉圓滿
여래역부연 백법실원만

譬如空中日 運行無暫已
비여공중일 운행무잠이

如來亦如是 (여래역여시)
譬如十方刹 (비여시방찰)
世燈現變化 (세등현변화)
譬如世間地 (비여세간지)
照世燈法輪 (조세등법륜)
譬如猛疾風 (비여맹질풍)
佛法亦如是 (불법역여시)

神變恒相續 (신변항상속)
於空無所礙 (어공무소애)
於世亦復然 (어세역부연)
群生之所依 (군생지소의)
爲依亦如是 (위의역여시)
所行無障礙 (소행무장애)
速徧於世間 (속변어세간)

譬如大水輪 世界所依住
비여대수륜 세계소의주

智慧輪亦爾 三世佛所依
지혜륜역이 삼세불소의

爾時無礙勝藏王菩薩承
이시무애승장왕보살승

佛神力觀察十方而說頌言
불신력관찰시방이설송언

譬如大寶山 饒益諸含識
비여대보산 요익제함식

佛山亦如是 普益於世間
불산역여시 보익어세간

譬如大海水 澄淨無垢濁
비여대해수 징정무구탁

見佛亦如是 (견불역여시)
譬如須彌山 (비여수미산)
世間燈亦爾 (세간등역이)
如海具衆寶 (여해구중보)
無師智亦然 (무사지역연)
如來甚深智 (여래심심지)
是故神通力 (시고신통력)

能除諸渴愛 (능제제갈애)
出於大海中 (출어대해중)
從於法海出 (종어법해출)
求者皆滿足 (구자개만족)
見者悉開悟 (견자실개오)
無量無有數 (무량무유수)
示現難思議 (시현난사의)

사경의 공덕은 십만억 부처님께 공양한 것과 같은 공덕이 있습니다.

譬(비) 如(여) 工(공) 幻(환) 師(사)
佛(불) 智(지) 亦(역) 如(여) 是(시)
譬(비) 如(여) 如(여) 意(의) 寶(보)
最(최) 勝(승) 亦(역) 復(부) 然(연)
譬(비) 如(여) 明(명) 淨(정) 寶(보)
佛(불) 智(지) 亦(역) 如(여) 是(시)
譬(비) 如(여) 八(팔) 面(면) 寶(보)

示(시) 現(현) 種(종) 種(종) 事(사)
現(현) 諸(제) 自(자) 在(재) 力(력)
能(능) 滿(만) 一(일) 切(체) 欲(욕)
滿(만) 諸(제) 淸(청) 淨(정) 願(원)
普(보) 照(조) 一(일) 切(체) 物(물)
普(보) 照(조) 群(군) 生(생) 心(심)
等(등) 鑒(감) 於(어) 諸(제) 方(방)

無礙燈亦然　普照於法界
譬如水清珠　能清諸濁水
見佛亦如是　諸根悉清淨
爾時化現法界願月王菩薩承佛神力觀察十方而說頌言
譬如帝青寶　能青一切色

사경의 공덕은 십만억 부처님께 공양한 것과 같은 공덕이 있습니다.

見佛者亦然 (견불자역연)
一一微塵內 (일일미진내)
令無量無邊 (령무량무변)
甚深微妙力 (심심미묘력)
菩薩之境界 (보살지경계)
如來所現身 (여래소현신)
普入於法界 (보입어법계)

悉發菩提行 (실발보리행)
佛現神通力 (불현신통력)
菩薩皆清淨 (보살개청정)
無邊不可知 (무변불가지)
世間莫能測 (세간막능측)
清淨相莊嚴 (청정상장엄)
成就諸菩薩 (성취제보살)

사경의 공덕은 십만억 부처님께 공양한 것과 같은 공덕이 있습니다.

難思佛國土 난사불국토
一切諸菩薩 일체제보살
釋迦無上尊 석가무상존
示現神通力 시현신통력
菩薩種種行 보살종종행
如來自在力 여래자재력
佛子善修學 불자선수학

於中成正覺 어중성정각
世主皆充滿 세주개충만
於法悉自在 어법실자재
無邊不可量 무변불가량
無量無有盡 무량무유진
爲之悉示現 위지실시현
甚深諸法界 심심제법계

成就無礙智
성취무애지
善逝威神力
선서위신력
神變普充滿
신변보충만
如來智圓滿
여래지원만
譬如大龍王
비여대용왕

爾時法慧光焰王菩薩承佛神力觀察十方而說頌言
이시법혜광염왕보살승불신력관찰시방이설송언

明了一切法
명료일체법
爲衆轉法輪
위중전법륜
令世皆淸淨
영세개청정
境界亦淸淨
경계역청정
普濟諸群生
보제제군생

正 정	無 무	況 황	亦 역	去 거	悉 실	三 삼
覺 각	明 명	復 부	不 부	來 래	不 불	世 세
無 무	覆 부	諸 제	知 지	現 현	能 능	諸 제
礙 애	心 심	凡 범	如 여	在 재	知 지	如 여
智 지	識 식	夫 부	來 래	世 세	佛 불	來 래
超 초	而 이	結 결	擧 거	一 일	擧 거	聲 성
過 과	能 능	使 사	足 족	切 체	足 족	聞 문
語 어	知 지	所 소	下 하	諸 제	下 하	大 대
言 언	導 도	纏 전	足 족	緣 연	足 족	弟 제
道 도	師 사	縛 박	事 사	覺 각	事 사	子 자

其量不可測 (기량불가측)
譬如明月光 (비여명월광)
佛神通亦爾 (불신통역이)
一一諸方便 (일일제방편)
盡於無量劫 (진어무량겁)
思惟一切智 (사유일체지)
一一方便門 (일일방편문)

孰有能知見 (숙유능지견)
無能測邊際 (무능측변제)
莫見其終盡 (막견기종진)
念念所變化 (념념소변화)
思惟不能了 (사유불능료)
不可思議法 (불가사의법)
邊際不可得 (변제불가득)

사경의 공덕은 십만억 부처님께 공양한 것과 같은 공덕이 있습니다.

若有於此法　而興廣大願

彼於此境界　知見不爲難

勇猛勤修習　難思大法海

其心無障礙　入此方便門

心意已調伏　志願亦寬廣

當獲大菩提　最勝之境界

爾時破一切魔軍智幢王

菩薩承佛神力觀察十方而
보살승불신력관찰시방이

說頌言
설송언

智身非是身
지신비시신

無礙難思議
무애난사의

設有思議者
설유사의자

一切無能及
일체무능급

從不思議業
종부사의업

起此淸淨身
기차청정신

殊特妙莊嚴
수특묘장엄

不着於三界
불착어삼계

光明照一切
광명조일체

法界悉淸淨
법계실청정

사경의 공덕은 십만억 부처님께 공양한 것과 같은 공덕이 있습니다.

開佛菩提門 개불보리문
譬如世間日 비여세간일
遠離諸塵垢 원리제진구
普淨三有處 보정삼유처
成就菩薩道 성취보살도
示現無邊色 시현무변색
所現雖無量 소현수무량

出生衆智慧 출생중지혜
普放慧光明 보방혜광명
滅除一切障 멸제일체장
永絶生死流 영절생사류
出生無上覺 출생무상각
此色無依處 차색무의처
一切不思議 일체부사의

菩提一念頃(보리일념경)
云何欲測量(운하욕측량)
一念悉明達(일념실명달)
故說佛智慧(고설불지혜)
智者應如是(지자응여시)
此思難思議(차사난사의)
菩提不可說(보리불가설)

能覺一切法(능각일체법)
如來智邊際(여래지변제)
一切三世法(일체삼세법)
無盡無能壞(무진무능괴)
專思佛菩提(전사불보리)
思之不可得(사지불가득)
超過語言路(초과어언로)

諸佛從此生 (제불종차생)
是法難思議 (시법난사의)

爾時願智光 (이시원지광)
明幢王菩薩 (명당왕보살)

承佛神力觀察 (승불신력관찰)
十方而說頌 (시방이설송)

言 (언)

若能善觀察 (약능선관찰)
菩提無盡海 (보리무진해)

則得離癡念 (즉득이치념)
決定受持法 (결정수지법)

若得決定心 (약득결정심)
則能修妙行 (즉능수묘행)

禪寂自思慮 선적자사려
其心不疲倦 기심불피권
展轉增進修 전전증진수
信智已成就 신지이성취
常樂常觀察 상락상관찰
無量億千劫 무량억천겁
一切悉迴向 일체실회향

永斷諸疑惑 영단제의혹
亦復無懈怠 역부무해태
究竟諸佛法 구경제불법
念念令增長 념념령증장
無得無依法 무득무의법
所修功德行 소수공덕행
諸佛所求道 제불소구도

雖在於生死 (수재어생사)
安住諸佛法 (안주제불법)
世間之所有 (세간지소유)
一切皆捨離 (일체개사리)
凡夫嬰妄惑 (범부영망혹)
菩薩心無礙 (보살심무애)
菩薩行難稱 (보살행난칭)

而心無染着 (이심무염착)
常樂如來行 (상락여래행)
蘊界等諸法 (온계등제법)
專求佛功德 (전구불공덕)
於世常流轉 (어세상류전)
救之令解脫 (구지령해탈)
擧世莫能思 (거세막능사)

徧除一切苦 普與群生樂

已獲菩提智 復愍諸群生

光明照世間 度脫一切衆

爾時破一切障勇猛智王

菩薩承佛神力 觀察十方而

說頌言

無量億千劫 佛名難可聞

必 필	若 약	億 억	如 여	普 보	如 여	況 황
捨 사	有 유	劫 겁	來 래	生 생	來 래	復 부
諸 제	諸 제	常 상	妙 묘	三 삼	世 세	得 득
有 유	佛 불	瞻 첨	色 색	世 세	間 간	親 친
着 착	子 자	仰 앙	身 신	福 복	燈 등	近 근
迴 회	觀 관	其 기	一 일	令 령	通 통	永 영
向 향	佛 불	心 심	切 체	衆 중	達 달	斷 단
菩 보	妙 묘	無 무	所 소	悉 실	一 일	諸 제
提 리	色 색	厭 염	欽 흠	淸 청	切 체	疑 의
道 도	身 신	足 족	歎 탄	淨 정	法 법	惑 혹

如來妙色身 (여래묘색신)
辯才無障礙 (변재무장애)
曉悟諸衆生 (효오제중생)
令入智慧門 (령입지혜문)
如來出世間 (여래출세간)
普導諸含識 (보도제함식)
若有供養佛 (약유공양불)

恒演廣大音 (항연광대음)
皆佛菩提門 (개불보리문)
無量不思議 (무량부사의)
授以菩提記 (수이보리기)
爲世大福田 (위세대복전)
令其集福行 (령기집복행)
永除惡道畏 (영제악도외)

消滅一切苦 소멸일체고
若見兩足尊 약견양족존
是人恒值佛 시인항치불
若見人中勝 약견인중승
是人能自知 시인능자지

爾時法界差 이시법계차
王菩薩承佛神 왕보살승불신

成就智慧身 성취지혜신
能發廣大心 능발광대심
增長智慧力 증장지혜력
決意向菩提 결의향보제
必當成正覺 필당성정각
別願智神通 별원지신통
力觀察十方 력관찰시방

而說頌言 (이설송언)

釋迦無上尊 (석가무상존)
見者心淸淨 (견자심청정)
如來大慈悲 (여래대자비)
普爲諸群生 (보위제군생)
如來無數劫 (여래무수겁)
云何諸世間 (운하제세간)

具一切功德 (구일체공덕)
迴向大智慧 (회향대지혜)
出現於世間 (출현어세간)
轉無上法輪 (전무상법륜)
勤苦爲衆生 (근고위중생)
能報大師恩 (능보대사은)

사경의 공덕은 십만억 부처님께 공양한 것과 같은 공덕이 있습니다.

寧於無量劫 (영어무량겁)
從不捨如來 (종불사여래)
寧代諸衆生 (녕대제중생)
終不捨於佛 (종불사어불)
寧在諸惡趣 (녕재제악취)
不願生善道 (불원생선도)
寧生諸地獄 (녕생제지옥)

受諸惡道苦 (수제악도고)
而求出離苦 (이구출리고)
備受一切苦 (비수일체고)
而求得安樂 (이구득안락)
恒得聞佛名 (항득문불명)
暫時不聞佛 (잠시불문불)
一一無數劫 (일일무수겁)

終不遠離佛 (종불원리불)
何故願久住 (하고원구주)
以得見如來 (이득견여래)
若得見於佛 (약득견어불)
能入諸如來 (능입제여래)
若得見於佛 (약득견어불)
長養無盡福 (장양무진복)

而求出惡趣 (이구출악취)
一切諸惡道 (일체제악도)
增長智慧故 (증장지혜고)
除滅一切苦 (제멸일체고)
大智之境界 (대지지경계)
捨離一切障 (사리일체장)
成就菩提道 (성취보리도)

如來能永斷 一切衆生疑

여래능영단 일체중생의

隨其心所樂 普皆令滿足

수기심소락 보개령만족

發 願 文

귀의 삼보하옵고
거룩하신 부처님께 발원하옵나이다.

주 소 : ______________________________

전 화 : ____________ 불 명 : ________ 성 명 : ________

불기 25 ______ 년 ______ 월 ______ 일